Victor Wilder, John P. Morgan, Johannes Brahms, Natalia
Mcfarren

Ausgewählte Lieder

Victor Wilder, John P. Morgan, Johannes Brahms, Natalia Mcfarren

Ausgewählte Lieder

ISBN/EAN: 9783337292744

Hergestellt in Europa, USA, Kanada, Australien, Japan

Cover: Foto ©Thomas Meinert / pixelio.de

Weitere Bücher finden Sie auf **www.hansebooks.com**

INHALT.

ERSTER BAND.

Neue mehrstimmige Gesänge.

A. Mit Begleitung des Pianoforte.

Brahms, Johannes, *Op. 20.* Drei Duette für Sopran und
Alt. No. 1. Weg der Liebe I. — No. 2. Weg der Liebe II.
No. 3. Die Meere. — . . . . 3 —

— — *Op. 30.* Geistliches Lied (von Paul Flemming)
„Lass dich nur nichts dauern" — für vierstimmigen ge-
mischten Chor (mit Orgel oder Pianoforte) . . . . . . Partitur 2,50
Singstimmen . . — 80

— — *Op. 31.* Drei Quartette für 4 Solostimmen.
(Sopran, Alt, Tenor, Bass.)
No. 1. Wechsellied zum Tanze von Goethe . . . . . Klavierauszug . 3 —
Singstimmen . . 1 —
No. 2. Neckereien. (Mährisch) . . . . Klavierauszug . 3 —
Singstimmen . . 1 —
No. 3. Der Gang zum Liebchen. (Böhmisch) . . . . . Klavierauszug . 2 —
Singstimmen . . — 80

— — *Op. 52.* Liebeslieder. Walzer mit Begleitung des
Pianoforte zu vier Händen . . . . Klavierauszug n. 5 —
Singstimmen . . 3 —
— idem, mit Begleitung des Pianoforte Solo . . . . n. 3,60
— — *Op. 61.* Vier Duette für Sopran und Alt.
No. 1. Die Schwestern. — No. 2. Klosterfräulein. — No. 3.
Phänomen. — No. 4. Die Boten der Liebe. — . . . . 4 —
— — *Op. 65.* Neue Liebeslieder. Walzer mit Begleitung
des Pianoforte zu vier Händen . . . . Klavierauszug n. 4,50
4 —
— — *Op. 66.* Fünf Duette für Sopran und Alt.
No. 1. Klänge I. — No. 2. Klänge II. — No. 3. Am Strande. —
No. 4. Jägerlied. — No. 5. „Hüt du dich!" — . . . . . 4 —
— — *Op. 75.* Balladen und Romanzen für zwei Sing-
stimmen. No. 1. Edward. — No. 2. Guter Rath. — No. 3.
„So lass uns wandern" — No. 4. Walpurgisnacht. — . . 4 —
— — *Op. 84.* Romanzen und Lieder für eine und zwei Sing-
stimmen. No. 1. Sommerabend. — No. 2. Der Kranz. — No. 3.
In den Beeren. — No. 4. Vergebliches Ständchen. — No. 5.
Spannung. —
— — *Op. 92.* Quartette für Sopran, Alt, Tenor und Bass
mit Pianoforte. No. 1. O schöne Nacht! — No. 2. Spät-
herbst. — No. 3. Abendlied. — No. 4. Warum? — . . . Partitur . . . . 5 —
Singstimmen . . 4 —
— — *Op. 93b.* Tafellied für 6stimm. gemischten Chor . Klavierauszug . 3 —
Singstimmen . . 3 —
— — *Op. 103.* Zigeunerlieder für 4 Singstimmen.
(Sopran, Alt, Tenor, Bass.) . . . . Klavierauszug n. 4,50
Singstimmen . . 6 —

Henschel, Georg, *Op. 32.* Serbisches Liederspiel. Eine
Reihe altserbischer Volksdichtungen (nach der Talvj'schen
Uebersetzung), für eine und mehrere Singstimmen (Sopran,
Alt, Tenor und Bass) mit Begleitung des Pianoforte . . n. 3 —

Hollländer, Alexis, *Op. 11.* Jungfrau Sieglinde. Ballade
von Uhland, für gemischten Chor mit Begleitung des
Pianoforte . . . . Klavierauszug . 3 —
Singstimmen . . 1,20

Radecke, Robert, *Op. 36.* Der 13. Psalm „Herr, wie lange
willst du meiner so gar vergessen", für Frauenchor
(6stimmig) mit Begleitung von Orgel (oder Pianoforte) . Klavierauszug . 2,30
Singstimmen . . 1,80

Reissmann, August, *Op. 39.* Drei Gesänge für 3stim-
miges Chor (Sopran, Alt und Tenor) mit Pianoforte . . Klavierauszug . 3 —
Singstimmen . . 1,50

Rheinberger, Joseph, *Op. 17.* Heft I. Das Schloss am
Meer. Ballade (von Uhland) für vierstimmigen ge-
mischten Chor mit Begleitung des Pianoforte . . . . . Klavierauszug . 2,50
Singstimmen . . 1,00
— — Heft II. Die Schäferin vom Lande. Romanze im
Volkston. Gedicht (von G. Ch. Pape), für vierstimmigen
gemischten Chor mit Begleitung des Pianoforte . . . . Klavierauszug . 2,50
Singstimmen . . 1,20
— — *Op. 71.* König Erich. Ballade (von R. Reinick),
für gemischten Chor mit Pianofortebegleitung . . . . . Klavierauszug . 4 —
Singstimmen . . 2 —
— — *Op. 75.* Zwei Gesänge für vier Singstimmen mit
Klavierbegleitung. (1. Jung Niklas. — 2. Diebstahl.) . . Partitur . . . . 3 —
Singstimmen . . 1 —

Schumacher, Paul, *Op. 4.* Musikanten-Lieder, für
vierstimmigen Männerchor mit Solo-Geige und Klavierbegleitung. Ein Cyclus von 9 Gesängen . . . . Partitur . . . . 8.—
Singstimmen . . 3 —
Violinstimme . . 1 —

B. A capella

Brahms, Johannes, *Op. 29.* Zwei Motetten für 5stim-
migen gemischten Chor: No. 1. „Es ist das Heil uns kom-
men her" — No. 2. „Schaff in mir, Gott, ein rein' Herz" — Partitur . . . . 4 —
je 5 Singstimmen . à 3 —
— — Wiegenlied (aus Op. 49 No. 4) für Männerchor . . Partitur . . . . — 80
Singstimmen . . — 80
— — Vergebliches Ständchen (aus Op. 84 No. 4) für
Männerchor. . . . . Partitur . . . . 2 —
Singstimmen . . 1,20
— — Niederrheinisches Volkslied (aus Op. 97 No. 4) für
Männerchor. . . . . Partitur . . . . 2 —
Singstimmen . . 1,20
— — Trennung (aus Op. 97 No. 6) für Männerchor. . . Partitur . . . . 2 —
Singstimmen . . 1,20
— — *Op. 62.* 7 Lieder für gemischten Chor. (1. Rosmarin. —
2. Von alten Liebesliedern. — 3. Waldesnacht. — 4. „Dein
Herzlein mild" — 5. „All meine Herzgedanken" — 6. „Es
geht ein Wehen" — 7. „Vergangen ist mir Glück u. Heil" —) Partitur . . . . n. 4 —
Singstimmen . . 4,80
— — *Op. 74.* Zwei Motetten für gemischten Chor:
No. 1. „Warum ist das Licht gegeben den Mühseligen?" — Partitur . . . . 4 —
Singstimmen . . 4 —
No. 2. „O Heiland, reiss' die Himmel auf" — . . . . . . Partitur . . . . 2 —
Singstimmen . . 2 —
— — *Op. 93a.* Lieder und Romanzen für gemischten
Chor: (1. Der bucklichte Fiedler. — 2. Das Mädchen. —
3. O süsser Mai! — 4. Fahr' wohl! — 5. Der Falke. —
6. Beherzigung. —) . . . . Partitur . . . . 4 —
Singstimmen . . 4 —
— — *Op. 104.* Fünf Lieder für gemischten Chor.
(1. Nachtwache 1. — 2. Nachtwache II. — 3. Letztes Glück.
— 4. Verlorene Jugend. — 5. Im Herbst. —) . . . . . . Partitur . . . . 4 —
Singstimmen . . 4 —

Bruch, Max, *Op. 38.* Fünf Lieder für gemischten Chor.
(1. Waldpsalm. — 2. Der Wald von Traunair. — 3. Tann-
häuser. — 4. Rheinsage. — 5. Feierliches Tafellied. —) Singstimmen . . 4,80
— — *Op. 46.* Vier Männerlieder. (1. Morgenständchen.
— 2. Trinklied. — 3. Friede den Schlummernden. —
4. Hodie vita. —) . . . . Partitur . . . . 4 —
zu No. 1. 2: Singstimmen . . 2 —
zu No. 3. 4: Singstimmen . . 2 —
— — Denkmale des Volksgesanges. Volkslieder aller
Nationen für gemischten Chor. Erstes Heft: Schottische
Volkslieder. (1. Marion. — 2. Johnie und Jenny. — 3. „O
wärst du den Vater!" — 4. Lord Gregory. — 5. Der Hochzeit-
tag. — 6. Bei den rothen Rosen. 7. „Ruhelos, rastlos" —) Partitur . . . . n. 3 —
Singstimmen . . 3,20

Deppe, Ludwig, *Op. 3.* Sechs Chorlieder für Sopran,
Alt, Tenor und Bass. Heft I . . . . Partitur 2,30
Singstimmen . . 1,60
Heft II . . . . Partitur . . . . 2 —
Singstimmen . . 1,60

Hartkaes, Wilhelm. Der Schmied von Sedan, für
Männerchor. . . . . Partitur . . . . — 50
Chorstimmen . . 1,20

Henschel, Georg, *Op. 26.* Fünf Chorlieder für Sopran,
Alt, Tenor und Bass. (1. Der verschwundene Stern. —
2. Regenlied. — 3. Widerhall. — 4. „Kein Graben so breit" —
5. „Dornen in den Weg gestreuet!" —) . . . . Partitur . . . . 3 —
Chorstimmen . . 2 —
— — *Op. 43.* Drei Männerchöre. (Treu. — Gute Nacht.
— Natur. (Die Trosteria.) . . . . Partitur . . . . 3 —
Singstimmen . . 2 —

Hollländer, Alexis, *Op. 23.* Sechs Quartette für gemischten Chor. . . . . Partitur . . . . 2 —
Singstimmen . . 2 —

Reinthaler, Carl, Volkslied nach der Bismarck-Hymne
für gemischten Chor . . . . Partitur . . . . — 50
Singstimmen . n.—50

Rheinberger, Joseph, *Op. 69.* Drei geistliche Gesänge
für gemischten Chor.
(Sopr. 80 Pf., Alt. Ten., Bass à 50 Pf.) . . . . Partitur . . . . 1 —
Singstimmen . . 2,30

Rudorff, Ernst, *Op. 9.* Sechs Lieder für drei- und vierstimmigen Frauenchor. Heft I (3stimmig) . . . . Partitur . . . . 1 —
Singstimmen . . 1,50
— — idem, Heft II (4stimmig) . . . . Partitur 1,50
Singstimmen . . 2 —

Rüfer, Ph., *Op. 15.* Drei Lieder für gemischten Chor . Partitur . . . . 2 —
Singstimmen . . 2 —

Scheffer, August, *Op. 108a.* Die Sternschnuppen.
Komisches Männerquartett. . . . . Partitur . . . . 1 —
Singstimmen . . 1,20

Schubert, Franz, „Nur wer die Sehnsucht kennt"
Quintett für Männerstimmen (2 Tenöre, 3 Bässe). Nach-
gelassenes Werk. Nach dem Original-Manuscript heraus-
gegeben von Max Friedländer. . . . . Partitur . . . . 1 —
Singstimmen . . 1,50

Stern, Julius, Volkslied „Tra, la, la, la, komm du liebes
Mädchen" — (nach einem Tanz aus Dalekarlien), für ge-
mischten Chor. . . . . Partitur . . . . — 80
Singstimmen . . — 80

Verlag von **N. Simrock** in Berlin.

LIEDER und GESÄNGE

für eine Singstimme mit Begleitung des Pianoforte

von

Johannes Brahms.

/

1.

Liebestreu.

True love. Cœur fidèle.

(Robert Reinick.)

Sehr langsam.
Very slowly. — Molto lento.

Version française de Victor Wilder.

träumerisch
dreamingly
pp *rêveur*

See! ... Ein Stein ... wohl bleibt ... auf des
sea!" ... A ... stone, ... a - las, ... in the
mer!" ... La ... pier - re s'en-dort, ... sous le

pp

Mee - - - res Grund, ... mein ... Leid _____ kommt
sea ... will sink, ... my ... grief _____ re -
flot ... mou-vant; ... Mon cha - grin _____ re -

stets ... in ... die ... Höh'.
turns _____ ... to ... me.
- vient ... plus ... a - - mer!

poco più mosso.

p

„Und die Lieb', die du im
"And the love that thou in thy
„Bri - se - le, bri - se - le. comme on

poco più mosso.

p

Her - zen trägst, brich sie ab, brich sie ab, mein
heart dost bear, cut it down, and no more re -
bri - se u - ne fleur. Cet a - mour qui te fait souf -

ril.   Tempo I.
pp

Kind!"   Ob die Blum' auch stirbt, wenn
pine!"   Oh, a flow'r will die, when
frir!"   Si la fleur qu'on bri - se lan -

Tempo I.

rit. dim.   pp

Lyrics under the staves:

man   sie bricht,   treu - e   Lieb' _____ nicht
cut,   I know,   not ___   so _____ true
- guit   et meurt.   Mon a - mour   ne   sau -

so   ge - - schwind.
love   like   mine.
- rait   mou - - rir! —

ancora più mosso

"Und   die   'Treu',   und   die Treu',   's war...
"And   thy   troth,   and   thy troth,   'twas a
..Jette   au   vent.   jette au vent   tes   ser -

agitato   più f

nur ein.. Wort, in den Wind da - - mit hin - -
word, my child, to the winds with .. it a - -
ments, mon en- fant, Qu'ils s'en - vo - - lent bien loin de
aus". O Mut - - ter, und split - tert der
way." Oh, mo - - ther, tho' shat - tered be
toi." Le vent fait trembler la fa -
f
3
f
Fels auch im Wind, mei - ne Treu - - e, die hält ihn
rocks by the winds, my troth, it is strong as
laise et la fend, Il ne peut é - bran - ler ma

sempre rit. e dim. sin al Fine.

aus;
they,
foi!

die
is
Il ne

sempre rit. e dim. sin al Fine.

hält,
strong,
peut

die
is
é - bran - ler

hält
strong

ihn
as
ma

aus!
they!
foi!

pp

2.

An ein Veilchen.

To a Violet.   A la Violette.

(Hölty.)

Andante.
Sehr zart.
Very softly. _ Delicatamente.

Version française de Victor Wilder.

CANTO.

Birg,   o
Hide,   oh
Ca - che -

PIANO.

p

Veil - - chen,   in   dei - nem blau - en   Kel - - che,
flow' - - ret,   with - in   thy blue   re - ces - - ses,
la,   cet - te   lar - me, ò vi - o - let - - te,

birg   die   Thrä - - nen   der   Weh - - - -
hide   these   pale   dews   of   sor - - - -
Ca - che - - la,   dans   ton   ur - ne   de   sa -

muth,
row,
phir,

bis   mein
till   my
Jus - - qu'à

Lieb - - chen___ die - se Quel - - - le be -
fair___ one___ seeks this mar - - - gin se -
l'heure où mon tré - sor vien - dra_____ te cueil -

sucht!
rene!
lir!

Ent - pflückt sie lä - chelnd
And if she, smi - ling,
A - lors, veut - - el - - le,

dolce

bend and pluck thee to
la co - quet - te, Te

Brust mit dir zu schmü - cken;
deck her bo - som's splen - dour,
met - tre à son cor - sa - ge;

O dann
O then
Oh! glis - se

express. legato poco a poco

schmie - ge   dich ihr   an's   Herz, _____   dann schmie - ge   dich ihr   an's
nes - tle   up - on   her   heart, _____   then   nes - tle   up - on   her
toi _____   Jus - qu'à   son   cœur, _____   glis - se   toi _____   Jus - qu'à   son

cresc.

Herz, _____   dich ihr   un's   Herz, _____   und
heart, _____   up - on   her   heart, _____   and
cœur, _____   Jus - qu'à   son   cœur, _____   dis

f   *dim.*

sag'   ihr,
whis - - - per:
lui   pour   moi:

dass   die   Trop - fen   in   dei - nem   blau - en   Kel -   che
that   the   dews   hid   with - in   thy   blur   re - ces -   ses
Que   la   per -   le,   que   ta   co - rol -   le   cè - le,

aus'   der   See -   le   des   treu' - sten   Jüng - lings   flos -   sen,
flow'd   in   grief   from   a   heart   to   her   de - vo -   ted,
A   jail -   li   de   mon cœur,   bri - sé   par   el -   le;

der   sein   Le -   ben
that,   la   men -   ting.
Que   je   souf -   fre

ver - wei - - net, und den
des - pai - - ring, shigs for
et pleu - - re et me
Tod, den Tod wünscht.
death or free - - - dom!
meurs, me meurs d'ai - mer!
p

3.

„Meine Liebe ist grün"

"Like a blossoming lilac" „Mon amour est pareil aux buissons"

(Ferd. Schumann.)

Version française de Victor Wilder.

Lebhaft.
With animation.—Vivace.

CANTO.

Mei - ne Lie - - - - - be ist grün
Like a blos - - - - - soming li - - -
Mon a - mour est pa - reil

PIANO.

wie der Flie - - der - busch. und mein
- lac my lore is fair, like a
aux buissons du prin - temps Et - tes

Lieb ist schön wie die Son - - - ne, mein
sun - beam proud - ly she glow - - eth, like
yeux. deux so - leils su - - per - bes. Tes

Mit Bewilligung des Original-Verlegers Herrn C. F. Peters in Leipzig.
Transponirte - 9185 - Ausgabe.

Lieb ist schön wie die Son - - - ne; die
sun - beam proud - ly she glow - - - eth; *sweet*
yeux. deux so - leils _____ su - per - - - bes, Sans -

glänzt wohl her - ab auf den Flie - - - der - busch und
o - dours it wakes in the li - - - lac - bush, *and*
cesse en font jail - lir, sous leurs feux é - cla - tants, Des

p

füllt ihn mit Duft und mit Won - - - ne, und
lo, in - to flow - - er it blow - - - eth, *and*
ro - - ses, des ro - ses, par ger - - - bes, Des

füll   ihn   mit   Duft_____   und   mit
lo.   in - lo   flow - - - er   il
ro   ses.   des   ro   ses,   par

Won - - - - - ne.
blow - - - - - eth.
ger - - - - - bes!

string.

poco ten.

string.

Mei - ne See - - - - - - - - le hat Schwin - - - -
And my soul _____ *has the* *plumes* _____
Mais mon â - - - - me a le vol _____

- - - gen der Nach - - - ti - gall und
_____ *of a nigh - - - tin - gale,* 'mid
des oi - seaux et leur chant. El le

wiegt sich in blü - hen-dem Flie - - - der, und
o - - do - rous blos - soms it win - - - geth, 'mid
pla - ne au des - sus _____ des _____ ro ses. El le

wiegt sich in blü - -hen-dem Flie - - - - der, und
o - - do-rous blos - -soms it win - - - -geth.
pla - ne au des-sus _ des ro - - - ses. Et ga -

jauch - - zet und sin - - get, von Duft he-rauscht, viel
tranc'd by the bliss that on all is pour'd with
zouil - - le-en bu-vant leur a ro - - me en-i-vrant, Mil-le ex

lie - - bes - trun - ke - ne Lie - - - der, viel
joy o'er - flow - - ing it sin - - geth, with
qui - ses et ten _ dres cho - - - ses; Mil-le ex

lie — — bes — — trun — — ke — ne Lie — — — — —
joy o'er — — flow — — ing it sin — — — — —
qui — — ses et ten — — dres cho — —

der.
geth.
ses!

string.

f

string.

poco ten.

f

p

p

p

4.

Alte Liebe.

The old Love.   Vieil amour.

(Karl Candidus.)

Version française de Victor Wilder.

Bewegt, doch nicht zu sehr.
With animation, but not too fast.— Con moto, ma non troppo.

CANTO.

Es kehrt _____ die dunk ___ le
The dus - - ky swal - - low
La - ron - - de et la _____ ci -

PIANO.

p

Schwal - - be ___ aus fer - - nem Land ___ zu-
fly - - eth to - wards _____ her nor - - thern
go - - gne, Voy - ant _____ sou - ri - - re a -

simile legato

rück, die from - men Stör - che keh - ren und
home, the song - sters build and flut - ter be-
vril, Re - vien - nent, fu - ne et fau - tre, Du

brin - - gen neu - - es Glück, neu - - - - - es
neath the lea - fy dome, the lea - - - - - fy
tris - te et long e - xil, du long e -
Glück. An die - sem Früh - lings -
dome. The worn is warm and
xil. Ain - si, dans l'om - bre
mor - - gen, so trüb ver - hängt und warm, ist
clou - - dy, the sky be - dimm'd with rains, my
gri - - se, Qui voi - le en - cor le jour, Re -

mir, als fänd' ich wie - - - der den al - - ten Lie - - bes -
heart a - wakes from slum - - - ber to old for - got - - ten
vien - nent à la fi - - - - le, Mes vieux sou - cis d'a -
harm, den al - - ten Lie - - bes - harm.
pains, to old for - got - - ten pains.
mour, Mes vieux sou - cis d'a - mour.
p
pp
Es ist, als ob mich lei - - se
I feel a hand fa - mi - - liar
Je sens sur moi s'a - bat - tre
sotto voce

wer auf die Schul - - ter schlug, als ob ich säu - - seln
up - on my shoul - - der rest, I hear thy flut - - t'ring
Une in - vi - si - - ble main; Un pied fur - tif ef -
hör - te wie ei - - ner Tau - - be Flug.
pi - - nions, dove with the snow - white breast.
fleu re L'her - be du vieux che - min;
bewegter
Es
Me -
Je
più vivo
klopft an mei - - ne Thü - re und ist doch nie - - mand
thinks I hear a knock - ing, but none stands at my
vois s'ou - vrir ma por - te, Pour - tant on n'en - tre
f
p

immer bewegter
draus; ich ath - me Jas - min - düf - te, und
door; I breathe the scent of jas - mine, but
pas; J'en-tends son-ner, dans l'om - bre, Un
sempre cresc. ed agitato
f
ha - be kei - nen Strauss. Es
I have ne'er a flow'r. A
bruit lé - ger de pas; Des
ruft mir aus der Fer - ne, ein Au - ge
voice be - lov'd is cal - ling, an eye is
yeux d'a - zur me fi - xent, J'en tends de
f
f

sieht ___ mich an, ein
beck - - - 'ning near, an
dou - - - ces voix, Mon

allmählig wieder ruhig
gradually growing tranquil again
poco a poco più tranquillo

al - - - ter Traum ___ er - fasst mich und
old ___ sweet dream ___ hath seiz'd me, and
cœur ___ est pris ___ au piè - - ge Des

führt mich sei - ne Bahn, ein
bears my thoughts a - far, an
rè - - ves d'au - tre - fois! Mon

p

Original - 9105 : Ausgabe.

al - - ter Traum er - fasst mich und führt mich
old sweet dream hath seiz'd me, and bears my
cœur est pris au pié - ge Des rê - - ves, des

sei - - ne, sei - - ne Bahn.
thoughts, my thoughts a - far.
rê - - ves d'au - - tre - fois!

5.

An die Nachtigall.

To a nightingale. Au Rossignol.

(Hölty.)

Version française de Victor Wilder.

Ziemlich langsam.
Rather slowly.— Un poco lento.

CANTO.

Geuss' nicht so laut   der lieb - ent - flammten
I pray thee cease,   in lea - fy spray em-
Ne lan-ce pas   de tril - le si so -

PIANO.

p

Lie - der ton - rei - chen   Schall   vom Blü - then -
bor - er'd,   thy   dul - cel   song,   for   all too
no - re,   O   ros - si - gnol!   Re - tiens ta

ast   des   Ap - fel-baums her - nie - der,   o   Nach - ti -
loud,   oh   nigh-tin - gale,   is   show-er'd   its   lor - rent
voix;   plus   bas, plus has   en - co - re,   Ou   prends   ton

gall!   Du   tö _ nest mir mit dei-ner sü_ ssen Keh _ le die
strong!   *For*   *when I hear thy rap-tur'd tones up-soa-ring,my*
vol!   N'a _ vi _ ve plus une im-por _ tu _ ne flam-me, Un

Lie _ be wach;   denn schon durchbebt die Tie-fen meiner See-le
heart re _ plies;   *too weil I know thy pangs of love a _ do_ring,*
vain trans _ port;   N'é _ veil _ le pas, dans l'om-bre de mon à-me,

dein schmel _ zend Ach,   dein
thy mel _ ting sighs,   *thy*
L'a _ mour qui dort.   L'a-

schmel _ _ _ _ _ zend Ach.
mel _ _ _ _ _ ting sighs.
mour _ _ _ _ qui dort!

Dann flicht der Schlaf von neu _ em die - ses La - ger, ich
Oh bird, for - bear, or else by sleep for - sa - ken I
Je ne veux plus me tor - dre sur ma cou - che. Cri -

p

star - re dann mit nas - sem Blick und
hence mast fly, I con - not rest, a
ant mer - ci! Je ne veux plus, l'œil

cresc.

tod - tenbleich und ha - ger den Him - - - -
thou - sand tor - ments wa - ken while thou
morne et l'air fa - rou - che, Souf - - frir
- - mel an.
art nigh.
ain - - si!
Fleuch,
Go,
Va -
f
p
Nach - ti - gall, in grü - ne Fin - ster - nis - se, in's Hain - - - ge -
seek the nest where bliss - ful mate will greet thee nor leave her
t'en, re - tour - ne à ta fo - rêt, ché - ri - e. Fuis loin de

sträuch, und spend' im Nest der treu — en Gat — tin
lone, *she* *will, like me, to* *si* — *lence not en —*
moi; Ne trou — ble plus mon à — me en-do — lo —

Küs — — se, ent — fleuch,
treat — — *thee,* *fly* *hence,*
ri — — e; Tais — toi!

ent — fleuch!
be — *gone!*
Tais — toi!

dim. e poco rit.

6.

Feldeinsamkeit. +

In summer fields.   Solitude champêtre.

(Hermann Almers.)

Version française de Victor Wilder

Langsam.
Slowly.— Lento.

CANTO.

Ich ru - he still im
I lie a - mong the
Cou - ché tout seul, dans

PIANO.

p

ho - hen grü-nen Gras, und sen - de lan - ge mei - nen Blick nach
tall and wa - vy grass, and long my wan - d'ring glan - ces stray a -
l'or vi - vant du ble, Les yeux au ciel, où mon es - prit s'é -

Verse 1 (German / English / French):

o — ben, nach o — ben, von
bore me, a — bove me; in
lè — ve, s'é — lè — ve, Je

Gril — len rings umschwirrt ohn' Un — ter — lass, von Him — mels-bläu — e
bu — sy cease-less hum small crea-tures pass a — thwart th'en-fol — ding
sens, tout dou — ce-ment, mon coeur trou — blé Se per — dre et fon-dre en

wun — der-sam um — wo — ben, von Him — mels — bläu — e wun — der-sam um-
blue that has en-wove me, a — thwart th'en — fol — ding blue that has en-
l'in — fi — ni du rê — ve; Se per — dre et fon — dre en l'in — fi — ni du

wo - - - - ben.   Die
wove - - - - *me.*   *And*
rê - - - - ve.   Do

schö - nen wei - ssen Wol - ken ziehn da - hin durch's tie - fe Blau, wie
ma - ny a - fair white cloud I watch o'er-head, as tho' sweet dreams a-
blancs nu - a - ges mon -tent vers le nord, Stri - ant l'a - zur, où

dim.

schö - ne stil - le Träu - - me, wie schö - ne stil - le
cross the blue were dri - - ven, a - cross the blue were
trai - nent leurs longs voi - - les, où trai - nent leurs longs

Original - 0195 - Ausgabe.

Träu — me; mir ist, als ob ich längst ge-stor - ben
dri — ven; I feel the while as though I long were
voi — les; De-puis longtemps dé - jà, se-rais - je

dolce *p*

bin und zie - he se - lig mit durch ew'-ge Räu - me, und
dead and 'mongst the blest were borne a - long to hea - ven, and
mort? Je crois pla - ner dans l'or - be des é - toi - les, je

zie - he se - lig mit durch ew'-ge Räu - - - me.
'mongst the blest were borne a - long to hea - - - ven.
crois pla - ner dans l'or - be des é - toi - - - les.

pp

Ped.

www.ingramcontent.com/pod-product-compliance
Lightning Source LLC
Chambersburg PA
CBHW021602270326
41931CB00009B/1344